권덕하

생강 발가락

애지시선 037

생강 발가락

2011년 10월 24일 초판 1쇄 발행

지은이 권덕하
펴낸이 윤영진
편 집 함순례
디자인 함광일 이경훈
홍 보 한천규
펴낸곳 도서출판 애지
등록 제 2005-5호
주소 300-170 대전광역시 동구 삼성동 125-2 4층
전화 042 637 9942
팩스 042 635 9941
전자우편 ejiweb@hanmail.net

ISBN 978-89-92219-31-0 03810

* 이 책은 한국문화예술위원회 문학창작기금 지원을 받았습니다

애지시선 037

생강 발가락

권덕하 시집

□ 시인의 말

그믐밤, 시 한 편이 불쏘시개처럼 탄다

언뜻 드러났다 더 어두워지는 길

못박인 손금 위에서

비상점멸등 켜고 있는 반딧불이 한 마리

온몸으로 듣고 있다

깊고 깊은 세상이다

2011년 처서 무렵 물안에서

권덕하

차례

시인의 말 005

제1부

별 013
첫눈 014
덩굴 숲 1 015
명아주 016
그리운 뒤란 018
이사 020
옛집 022
그 손 024
한낮 026
밤참 028
빈집 030
눈길 032
가을비 033
월담 034
인적 036
정육精肉 038
춘정 039

제2부

생강 발가락 043
달맞이꽃 044
못 046
싸락눈 047
풍란 048
등 049
저녁 저수지 050
연기 이모 052
외가 054
붉은 달 056
나무에 묻다 058
바닥짐 060
숲정이 저녁 062
뜨거운 발 064
생업 065
그리운 금강 066
고향 길 068
인생 070

제3부

詩 073
가을 물안 074
덩굴 숲 2 075
풍경소리 076
신발 077
귀꽃 078
그 남자의 봄 080
가을 바다 082
천정天井 083
담 084
화두話頭 086
눈 오는 바다 088
라파 누이에게 090
목척교 해오라기 092
방랑자여, 슈파로 오려는가 094
빈 의자 096

발문 | 임우기 097

제1부

별

물속 바닥까지 볕이 든 날 있다

가던 물고기 멈추고 제 그림자 보는 날

하산 길 섬돌에 앉은 그대 등허리도

반쯤 물든 나뭇잎 같아

신발 끄는 소리에 볕 드는 날

물속 가지 휘어 놓고

나를 들여다보는

저 고요의 눈

첫눈

반찬 집어 주다 뜨거운 운두에 닿은 자국, 그대 살 속에 피어 회유할 수 없던 그 잎을 첫눈이라 불렀다

한 여자의 눈에 지운 한 사내의 눈물이 물들던 잎에 바람도 무색하여

무슨 할 말 있는 듯 내 입술 가까이 떠 있다 가도 먼 길 걸어온 탓인 줄 알아 허공에 잡힌 물집인 줄 알아

가을에 혈육 두고 와 눈 붉어진 열매들 사이 설레며 오가는 살점을, 나는 여적 첫눈이라 부른다

덩굴 숲 1

새 한 마리 몸 안으로 날아 들어와 울고 있다 나를 거쳐 가려다 길 잃었나 살갗에 소금이 와 하얗다 서늘해 고개 들어 보니 마른 쑥부쟁이 흔들고 가는 바람 끝에 푸른 눈빛 선연하다 조감할 수 없는 것을 울고 가는 새 있어 내 몸 회목에도 그늘지고 발바닥 부르트고 기슭으로 길이 난 것이다

명아주

어둑한 헛간에 명아주 걸려 있다

먼지 낀 허공 짚고 있다

칼금 같은 섬광 지나가고 우레 친다

뉘우칠 일 없이 마른 것이다

마당 오가는 소리, 무청 데치는 소리,

녹슬고 있는 농구들 사이에서 듣는 것은

모두 헛간 거쳐 가는 소리뿐인데

가뭇없이 그늘에서 말라 그늘 짚고 있는 것

어느 길에서 나를 지탱하려고

맨주먹으로 저리 몸 가벼울까

내어 주기만 하면서

마디 굵어진 그 손 잡아 본다

명아주 아귀에 딱 들어맞는 날이다

그리운 뒤란

내 몸에는 모른 체해 주는 뒤란 있어
눈물이 마음 놓을 수 있었다
낙수에 패인 자리 바라보는 일은
밀려난 풀만큼이나 자신을 달래는 일이었고

댓잎 만지작거리며 바람 쐬기도 하고
손톱만큼 자란 수정도 보고
숨겨둔 일 고백하듯 까만 꽃씨 받다가

텃밭으로 나가 지붕 내려다보며
고욤이 그렇듯 떫은 것도
풀덤불에 두어 그리운 것 되면 상강 지나도록
표해 놓은 삭정이만 봐도 좋았는데

뒤란 사라진 몸
정처 잃고 잦은 슬픔에 먹먹하다
금간 오지그릇처럼 철사로 동이고 싶은 마음

조금씩 뒤틀리고
붉은 혀 감출 데 없이 시드는 것도
꽃대궁의 일로만 남아 신경 쓰이다

이사

짐 꾸리다 말고 서랍에 정박한 종이배 탔는데

선실에 벌레 한 마리 납작하게 붙어 있다
서랍 속도 기슭이라 언제 배를 댔는지
아직 내리지 않은 식구 있다

한 물살로 굽이치다 여울에 눈 감은 적 있다
벼랑에 매달린 물길 아득하여 노 놓쳤다
목젖 뜨거워 울컥하며
무거운 눈물 서덜에 가라앉힌 적도 있다

그렇게 한 번 두 번 시방+方을 접어 밀어 보낸
물그림자 짙은 눈자위에

기다려도 배 뜨지 않고
낡은 의자에 앉았던 홈먼지만
바람 타고 무연히 길 건너 공터로 가는데

이마의 흉터도 센 머리카락도, 쉰 번 넘어,
생전 가장 넓은 독채 얻어선지

내 몸에서 내리지 못한다

옛집

꽃 지고 열매 여윈 나무처럼 옛집 잊고 산다 샛방 봉창에 감잎처럼 물들던 웃음이나 바람꽃으로 일었다 사윈 울음이나 모두 꽃씨처럼 까맣게 잊고 산다

저버리려 해도 몸 따라가 보니 낯모를 식구들 사는 모습 남 같지 않다 바람 손짓 따라 흰 고무신 툭 던져 주는 목련만 남아 쓸쓸한 골목

마른 화분처럼 낯설다 해도 다시 찾으니 내 유치와 함께 삭은 함석지붕에 녹슬던 햇살 넘쳐 툇마루 적시고 그늘 깊은 처마 아래 빛살 담은 마중물 목메도록 차오르고 배추 다듬으면 배추 속이 되고 무 씻으면 무 되던 팔뚝 어른거리는 오래 안쪽, 마당에

이불 홑청 너는 젊은 아낙 눈길 탱자 울 너머로 따라가 보니 어머니 눈부셔 하던 하늘 빈 눈에 가득 차 오고 뒤란 장독대에서 이끼처럼 소리 없이 웃으며 장 맛보던 총각

발치에 족두리 꽃 환한 대낮, 물 받고 싱싱하게 자란 수정돌 위로 세월 쓸고 간 대숲 바람만 이사 온 듯

제 그림자 안고 쓰러진 담장 옆 햇살 어린 나는 여전히 마당에 뚜렷하게 맨발자국만 남기는 술래다 호두나무 둥치에 기대어 눈 감고 무궁화 꽃이 피었습니다 하면 그대로 멈췄던 세상, 한꺼번에 때까치 울음으로 밀려온다

그 손

손에도 바닥이 있다
귀 밝은 별이 읽어 주는 손금과
못박인 연보가 엄연하다
두 손으로 낯을 가려도
얼굴 감싼 손가락들
삼층석탑이다

주먹 쥔 손등에 불거진 힘줄이
세월 감은 손목부터
부챗살처럼 퍼져 꿈틀대는데
사윗감 보러 가던 날
면장갑 사서 끼기도 했다는

논둑 아래, 손 내미는 사람
손가락 둘이 없다
요람 한번 흔들지 못한
그 손부터 잡으려는데

마디마디 탑신 사이로

두 눈 시리도록
못물이 밝다

한낮

제 목소리 흉내 낸다고 쏜살같이 꾀꼬리 날아와 머리 콕 찍고 간다

둥지 쪽으로 기어오른다고 새매 어미가 날개로 얼굴 퍽 후려치는 소리 묵은 산그늘 깨트린다

잠에서 깨어나 울고 있는 아이 달래는데 광주리에 숨죽여 놓은 보리 밥알들 가맣게 도로 여문다

뒤꼍 콩밭에 꿩 새끼들 갓끈동부처럼 일렬로 어미 따라 서리하러 왔다가, 콩 튀듯 달아나 버려 서운하다

물에서 꺼내면 시무룩하게 색 죽는 조약돌 도로 물속에 담가 놓고 바라보다 빈손 힘껏 쥐어 본다

홍수에 떠밀려 온 나무 그루터기 짐승 등뼈 되도록 하얗게 말라 간다

기척 없는 마을, 매미 목청 푸른 서슬에 느티나무 그늘 떠내려갈 것 같아 한쪽 귀 누르고 앉아도 동부밭에 쇠비름 자라듯 잔걱정만 인다

밤참

비오는 밤 주점에서 서슥밥이라는 말 들었다
먹고사는 이야기 시들해지고
애인 타령도 떠름해질 참에 누가
취중에 부스럭 소리 내어 얇은 귀 달아 주었던 것인데

이밥 먹는 날은 밥그릇에 수저 부딪는 소리도 달라진다는
또 그 못살던 이야기냐고 누군가 돌아앉을 법도 하건만

비 개고 늦은 참에 나온
고구마 박힌 조밥이 혀에서 그저 뱅뱅 돌다가
꺼끌꺼끌 넘어갔던 것인데,

부엌 앞까지 끌어다 놓은 도랑물 소리가
정정하게 일어서 모깃불 바닥 기고
푸릇푸릇한 연기만 간신히 놀고 있는 마당귀
어른은 돌아눕는 척 물것이나 지청구하고

멍석 올 촘촘히 엮는 새 울음소리에
슬몃슬몃 몸에서 좁쌀 같은 소름 돋던 밤

서슥이라는 말이 부연 호롱불 밑에
숨은 얼굴들 하나 둘 불러내
살강 아래서 얻은 숟가락같이 나를 앉혀 두고
또 궁금한 입만 지켜보고 있는 게다

빈집

집이 전화 받고 싶을 때가 있다 의자나 식탁도 귀 기울이다 모서리 질 때 있다 혼자 살다 무너진 사람 대신에

선사유적도 통화하고 싶어 푸른 잔디 덮고 뒤껻에 대나무를 기르는 것이다 봄에 진 낙엽 가으내 그대로 둘 것이다 선배는 김장배추씨 뿌리다가 전화 받고 무사하라고 이르는데

어둠만이 비어 있는 곳 알아내 고인돌 같은 마음 한구석 어두워 올 때 아직도 옛 번호 지우지 못하고 가을역 부근에서 거기 어디냐고 묻는 사람 있다

먼 산 마음도 불빛 하얗게 바래도록 장지에 머물다 가는, 그런 유적 같은 밤이 지나고 처마 밑 낙숫물 듣던 자리에 다하지 못한 몇 마디 말이 패여 있어

흙투성이로 돌아와 귀 가까이 신발 틀어쥔, 행색도 비

어 있는 집

눈길

생강나무 가지에 앉은 박새 한 마리

어쩌다 노란 꽃 보고 있습니다

검은 나무 등걸 사이로

물끄러미 바라보다 붉어지는 눈시울도

불혹의 가지 끝 딛고 멀리 피었는데

튀밥같이 마른 꽃잎에

자꾸 눈이 가는 어린 새,

남은 햇살 부리로 당겼다 놓으며 군입 다시는

생에 단 한번 저녁입니다

가을비

비 오는 날은 굽는 냄새가 호객합니다 무심한 천변, 식당에서 고기 굽고 술잔 돌리는 사람들 마음마다 아직 빠져나오지 못한 골목 남아 있어 발걸음 한없이 느려집니다 주렴 너머로 한 사연 들으려고 귀 기울이는 나무들도 속까지 젖어야 하는 저녁, 헛헛한 집들 아직 불 켜지 않는데 굽는 냄새에 시달리는 골목만 막창처럼 더욱 휘어집니다 굽은 곳마다 환한 불빛이 바깥까지 밀려나와 물에 젖고 있으니 나도 오늘밤 가을비 신세 좀 져야겠습니다

월담

담에 물 얼어붙었다 물이 담 넘는 법이다

지붕 타고 흐르다 수직으로 낙하하던 일 까맣게 잊고, 홈통 빠져나오면서 얼기 시작한 몸이 땅에서 솟아 오른 듯 기단 쌓더니

조금씩 길 틔워 뒤미처 따라온 어린 물머리 먼저 흘러가게 한 것인데

어이 가라 손짓하다 따라가지 못하고 기둥뿌리 되어 일자서 이룬 탑신 보니

담에 이르렀으나 끝내 맞닿지 못한 힘으로 남은 기억만 종유석 같다

울 너머 개울까지 흘러가고 싶었던 물길, 달빛 발자국들 어지럽게 흩어졌는데

마른 담쟁이 수염 삐죽 나온 채 얼어붙은 얼굴이 귀면 하나 몰래 얻어 썼다

인적

한 사람 지나가면
봉걸레로 발자국 지운다
또 한 사람 지나가면
무람없이 발자국 지운다

장례식장 입구에서 걸레부터 내민다
문상하기 전 발바닥 먼저 닦으라 한다

지나온 빗길은 지느러미 잘리고
물에 던져진 상어 몸뚱이,
막 건너 뛴 웅덩이
아가미처럼 숨 쉬고 있는데

비늘같이 흩어진 발자국들
다 고인의 몸속으로 숨었나
돌아보니 말끔히 닦인 길,

흔적 없다

정육精肉

오늘은 소 잡는 날

현수막 붉은 너털웃음에 파묻히는

깜깜한 속살

달빛 좋은 데로 두 근만 주시오

에이 여보, 달빛 치고 좋지 않는 데가 어디 있수

초승달에 오금 저리며

제 몸에서 기름덩이와 뼈 찬찬히 발라내는 밤

춘정

식당에서 혼자 늦은 점심 먹는데

남은 한 사내 웃으며 자꾸 출입문 건다

주인 여자 말없이 그 문 따 놓고

날아드는 것은 꽃잎만 아니라서

나는 숟가락질이 바빠지고

제2부

생강 발가락

저건 뿌리다
무른 진흙 딛고 참은 울음이다
너덜겅 걷다가
매운 다리품이 감췄다가
비어져 나온 생각,

식구들 잠 보듬고 가만히 나가
어둑발 훔치며 좌판 펼치는
아내의 걸음새에
땅을 미는 힘으로 솟은 햇귀가
속 깊이 재여 준 가락이다

달맞이꽃

올 추석엔 식구들과 둘러앉아 미음이라도 먹을 줄 알았는데 고향은커녕 땅에 발 디뎌 볼 수조차 없는 몸 미음 한 그릇도 새삼 미움이 되는구나

나무 한 그루 없는 공장 골목 몇 해째 빠져나가지 못하는 눈길이나 전기 끊긴 집에서 아이들만 남아 촛불 들고 다닌 바닥에 촛농으로 굳은, 어지러운 어미의 눈물 자국이나, 다 내 탓이라면

젖은 만장과 검은 관에 실려 갈 육신의 뜻이 허공에 매달린 거처에서 다하고 마는 숙원이라면, 더도 말고 덜도 말고 오늘 같기만 하라고 나를 달래던 일도 꽃말과 함께 이제 거둔다

내 발바닥과 저 애타게 그리운 땅바닥 내려다보며 꽉 차 오른 보름달에게 등 돌리고 꽃의 신원 떠나 묻노니

밤마다 녹슬고 귀 떨어진 청동거울 뜨는 하늘은 대체 어떤 나라인가

못

옥탑 다시 환하다 어느 이주자 불 들인 모양인데 웃풍에 설핏 잠 깨면 하얀 입김에 낮은 천장 꽃무늬 실려 있어 처음엔 낯설 것이다

시린 햇살의 국경 넘어 와 벽지에 이울던 남십자성 별빛, 막막할 때 눈길 머물던 그 자리

벽 먼지가 그려 놓은 사진틀이 숨표로 변한 못 자국에 걸려 생의 얼개만 남았는데

실 평수에 들지 못한 꿈에 박혀 한 땀 한 땀 십자수 놓아갈 형틀 파인 몸, 몇 바퀴 더 틀면

가족사진 걸 힘도 생길 것이다

싸락눈

산마루부터 따라온 강아지 한 마리, 닫힌 대오리 창호
두 발로 긁어대고 있다

풍란

아버지 방이 하얗다
걸레로 훔치고 앉아
발톱 깎아 드린다
뵈지도 않는 발끝
손으로 더듬고
바싹 자르라고 성화다
몸에서 바닥으로 지는
짧은 여정에
먼저 보낸 사람에게
살아생전 하지 못한 말이
허공에 뿌리 내린다고
혼자서 자를 수 없는 죄책감이
살을 파고든다고
발 밑 캄캄한 것 잊고
뿌리치며 살았던 것이
이제 와 뿌리를 친다고

등

마르고 뜬 장지 같은 등 두드려 드린다 바람 소리에 환해졌다 어두워지는 곳

쓸어 보면 빈주먹에 잡히는 것들, 그 중에 물 건널 때 업혀서 듣던 숨결 있다

우레에 숨이 탔던 행상 발걸음 소리, 휜 허리 먹빛으로 잦아져 가풀막졌는데

무람없이 멀어지던 자식 등만 지켜 보다 찔레꽃 몰래 피었다 지던 얼굴 있어

한밤중 지신地神 밟다 처음인 듯 들여다보는 손바닥 아래가

모두, 환한 그믐이다

저녁 저수지

먹다 만 그릇 치우고 앉았다
창밖엔 빈 나무의자들끼리 서로 마주보며
겨울을 난다 어떤 탁자는 삭고 부서져
목발 짚고 있다

남이 쓰던 방석에 앉아 물빛 바라본다
나도 남들의 눈길 부축 받고 여기까지 왔으니

찬 이슬 터는 들꽃 같은 물오리들
열 지으며 재게 놀리는 발짓이나
다진 양념 푸는 젓가락질이나
다 마음에 저수하는 일만 같다

허물어진 집터 두고 온 사람
남은 술 위에 다시 술 붓고 국물처럼 말 없는데
자꾸 면발 놓치는 기억 사이로 헤아려 보자니

물속에 잠긴 것 많아
시퍼렇게 물이랑이나 가둬 놓고
수문처럼 어두워지는 구석이 내게 있어

그대 고인 눈물, 흐를 길 찾다
내 몸에서 저물며 눈시울 적시는데

오늘도 물속 저녁에
오리발같이 먹먹한 별이 뜨겠다

연기 이모

연기 이모가 재를 턴다 한참 쏟아 붓더니 씨근씨근 말부스러기 버린다

팽팽한 우산살이 햇살 받치고 그 밑에 그늘 한 채 지었는데 실낱같은 숨소리 바늘귀에 꿰일 듯하다

비운 종이컵이 어둑한 갈피에 귀 기울인다

쌓인 것이 많아 제 무게에 무너진 서녘 귀퉁이, 거기 마음 덧대고 감췄던 자리가 터져, 번하다

하염없이 말라 가는 것들 아침마다 창틀에 수북한데 다 타버린 가슴에 무슨 속울음 남았을까마는

한낮에 더욱 어둡고 흐린 재, 몸 가누지 못하는 벌레 되어 소리와 빛깔 너머로 눅은 눈길 끌고 간다

원추리 꽃자리, 산초나무 베어 버린 자리 더듬어 보던 눈매가 몇 올 풀려 있다

옭매듭 끊어 냈는지 길게 한숨 내뱉는 이모 눈썹에 실밥 하나 늘었다

외가

발길 멀어진 지 오랜 마을 어귀, 버스에 힘들게 오르시는 외숙 뵈었다

노인은 첫눈에 알아보시고 내 이름 불러 빈자리에 어머니 앉히시더니 대뜸 맑은 눈으로 아버지 형편부터 물으신다

해진 옷 솔기에 머뭇거리던 햇발이 여울 빠른 눈길에 다시 자리 잡지 못하고 흔들린다

풀 자란 구들에서 라디오 베고 홀로 살던 외할머니 모셔와 어깨 펴지 못하던 어머니, 안정 바른 눈에 내려앉던 친정 처마그늘이

생전에도 그렇게 내 얼굴 뚫어져라 쳐다보며 말없이 지아비 안부만 물으셨던 게다

모계의 가로수 뼛속까지 배어들던 가을햇살에

붉은 달

동굴 벽화 더듬다 보니 가을이 왔다 아이들 안색 살피다 하루가 가고 익은 것 추리다 해가 졌다

은행잎들이 바닥 환히 밝혀 놓은 선사先史의 가을밤, 아직 달로 가는 차편 예매도 못했다

흐르지 못하는 꿈으로 출렁이는 강변 매표소에 달그림자 어리고 때 이른 매진에 어두워진 얼굴들 줄 서서 기다리는 생의 정류장

기억에 뜬금없이 송어장 떠올라 시계바늘은 송어 떼 따라 돌고 달을 향한 마음만 부레처럼 부풀어 오른다

사냥꾼이 메고 올 붉은 다리고기 기다리던 여자, 과일 고르러 창고로 들어가는데

그 문에서 비바람 거친 붓질 자국 털어 내면 달빛의 음

계 드러날까 거기에는 고요하고 쓸쓸한 과일의 영혼 담겨
있을지 몰라

여자가 고른 붉은 달이 떠오를 때까지 한데서 기다리고
기다리는 달의 유민流民들

나무에 묻다

어린 서어나무 아래 흙 파서 수의 입힌다 새 한 마리 바닥을 확인하고 간다

개흙 냄새 짙은 북편에 백魄이 서린 그늘만 내놓고 바람이 경전을 덮는다 가매진 나무는 종일 입이 무겁다

신당 차린 숲에서 시간 길게 휘어지고 새들 끌어당기는 시위의 힘 보인다

가라앉으려는 구름의 넋 건너가고, 날아오르려는 나뭇가지의 맘 건너오는 사이, 사라진 것도 환해진 것도 다 나무의 일이라

남은 햇살마저 묻고 나니 눈길이 향불 따라간다 창포 욱은 연못가 지나 헐은 들마루에 새로 올린 솟대까지

곧 밤그늘 질 것이다 아이 업은 두꺼비 한 마리 어디론

가 천천히 당집 끌고 간다

바닥짐

산모롱이 낡은 가죽 가방 하나
내장 드러나고
출혈 멎은 지 오래라
빗발과 는개의 무두질에
부풀어 오른 금서
밑줄 친 두려운 문장을
바닥에 부려 놓았다
얼마나 풍랑 심했으면
산기슭까지 와 배를 대고
바닥짐마저 버렸을까
가슴에 품거나
어깨에 매달린 기억에
민들레 환하게 자리 잡은 터
벌레들 깃든다
되새김질한 초식의 꿈
매듭풀 넝쿨로 기지개 펴고
당초문 그늘 사이

개미들의 활구가 바쁘게
다라니경 실어 나른다

숲정이 저녁

수염 긴 할아버지 좌상까지 밀려 와 진지 드셔요

제 꽃을 권하는 국수나무가 사는 비탈도

부뚜막 그늘에서 노랗게 익을 무렵

묵은 정 밥물처럼 끓어 넘치고

꽃향기 낭창거리며 뜸 들이는데

바싹 달은 숲으로 걸어 들어간 여자

좀처럼 나올 생각 없고

솔방울 다닥다닥 붙은 소나무만

지긋이 굽어보는 힘으로

몸에 남은 햇발 꽉 틀어쥐고 있다

뜨거운 발

만취한 친구가 덜 취한 날 보고 같이 오줌 갈기자 하네, 술시가 지나 밤 깊어도 큰길가는 큰길가, 솟대 위 검은 새 한 마리 훤히 내려다보는데 같이 오줌이나 싸자네 별난 시합하느라 오줌발 올려 본 지 아득한데, 참았던 울음같이 어둔 담벼락 기어오르는 짐승 발자국, 오르지 못할 나무 앞에서 먼저 몸 떨며 투덜대는 이 사람아, 부러워 할 일 왜 내게 시켰나

생업

아침나절에 달걀 실은 차 보았다

점심때는 작은 트럭 가는 듯 서 있다

처음엔 활짝 핀 꽃들이 차를 세운 줄 알았다

꽃무리 휘늘어져 하얗게 물든 산동네 길에

비닐 덮개 사이로 언뜻 보이는 또랑또랑한 구공탄 눈망울들,

어느 집 찾는지 포대기 씌워 업고 조심조심

후박나무 걸음으로

내 옛날을 지나가고 있다

그리운 금강

천지간 푸르게 유장해야 하리
저절로 오래 그랬으므로
베갯잇에 들거니 손등에 맺거니
글썽이며 도란거리며
구절양장 그렇게 흘렀으므로
꽃비 나리는 강둑 두고
그리움에 들던 봄비가
송홧가루 촘촘한 점묘화로
서러운 파문 달랬듯이
섶다리 건너가던 달 안고
물 냄새 짙은 기슭, 돌집마다
뜨겁게 알 슬었듯이
천지간 맑게 유유해야 하리
물에 어리는 불빛 다독거려 재우고
배 끊긴 벼룻길 소매로 가려 주며
물안개에 잘 젖는 두두 물물
산자락 솔기 끌어당겨 보듬는

면면한 물항라 천의무봉으로
넉넉하게 품고 먹였으므로
천지간 한목숨으로 구구해야 하리
상한 짐승들 울먹이다 목축이고
물결에 온몸 맡겨 오면
더운 눈빛 맑게 식히고
물수제비뜨는 등쌀까지 다 받아 주며
묵언 수행하는 젖어미,
천지간 한 숨결로 절절해야 하리
저물 무렵 손발 씻고 돌아가며
강아지풀 애기부들에 시름 덜던 사람들
갈꽃에 맺힌 이슬 위로하며
산그리메 속으로 깊어 가서
먼 유역 눈부신 모래톱이 쌓일 때
거기 아무도 모르게
철새들 붉게 깃들어 좋으리
어안 밝아 눈 감아도 환한 물목,
그리운 물살에 마냥 파묻혀도 좋으리

고향 길

저 노인 혼자 시외버스터미널 대합실에 앉아 있네
오가는 사람들에게 고맙다고 고개 숙이네

벚꽃 흐드러져 솜틀집처럼 바쁜 주말
신발 있는 사람들 다 나와 다녀도
어디 사시느냐 묻는 이 하나 없는데
고향 갈 수 있어 좋다네

집 나간 아버지 가까스로 찾아내고
가슴 쓸어내리는 자식들에게도
그저 고맙다고 굽실거리네

징용되어 함께 끌려갔다가
갱도 빠져나오지 못한 영혼들
규슈 지하 수천 척에서 흘린
검은 눈물에 젖어
고향 살구꽃으로 떠돌고 있는데

아버지 같은 아들 손잡고
이제야 돌아가는 길
먼저 간 아내도 잊고
어리고 어려져
두근거리는 길

힌 생애 다 잊고서야
환해진 길

인생

말없이 밥값을 내고 가셨습니다

한 생각에 사로잡혀

두 정거장 지나친,

먼저 가신 분이 계산하셨습니다

제3부

詩

휘파람 불듯 비눗방울 날리듯
입에서 새끼들 풀어 놓는 물고기 있다
찰나에 어미 입으로 숨어드는 목숨들 있다

물풀로 금줄 치고 부화 기다리다
주리고 주려서 뼈가 되고
살이 붙는 말

머금어 기를 수 있는 것이
자식들만 아니구나
곡절에 피어나 가슴을 치는 노랫말도
난생卵生이구나

눈감고 부르는 청 좋은 노래,
구전口傳하는 생명이여

가을 물안

내 물그림자 여윈 낙타 같을 때

집 서너 채 기러기발같이 붙박인 곳

거문들에 술대 바람 불어

벌개미취 쑥부쟁이꽃 이는 노루벌

돌아오지 않는 사람 그려

텅 빈 마당에 서성이는 가을볕

눈 가려도 뉘신지 알 것 같은

덩굴 숲 2

얽히고설킨 덩굴 숲에서

허수아비처럼 서 있으면

새들 알록달록 날아들어 와

나는 보이지 않고

꿈인 듯 생시인 듯

눈물로 절여 주었네

억센 이파리 숨 죽도록

풍경소리

풍경이 바닥을 친다

가슴 당좌 두드리던 물고기
바닥에 오래 낯 비춰 본 것이다

상사화, 아가미 꽃술 떤다

밀려온 밤그늘
반짝이는 돌비늘 줍고 있는데

돌탑 돌던 소지의 길,
연잎 하나 내려놓지 않는데

먼 길 걸어온 바닥이
풍경을 친다

신발

새가 제 날개 깔고 누웠다

바싹 말라 가벼워진 몸

백척간두에서 뛰어내린 알몸뚱이다

장마철 대낮도 잊은 내 맨발 보고

신발 던져 주었던 새

생시의 외짝 신발 허공에 걸어 두고

제 날개에 안겨 먼 길 떠났다

귀꽃

이 밤도 비는
내가 잊고 사는 어디
착한 발등 적시고 있을 게야

쓰러진 벼 일으켜 세운 뒤
마음 둘 데 없어
돌 위에 돌을 얹듯
또 하루 보냈는데

천둥마저 그리운
처마 밑,
오래된 불빛이
섬돌 밟고 맑아질 때

고무신 한 켤레 이고 있다
물무늬 우는 마음 한 구석

귀꽃이 피네 귀꽃이 피네

그 남자의 봄

헌 옷 위로 눈이 내린다
솔기 없는 봄볕에
춤사위 너울너울 내보내고
좋은 풍경도 훌쩍 벗어 놓더니
대신 철없는 풋것 받아들인다
옷깃 여미고
주름 없이 잘 개져
종이상자에 담긴 신원을
이제야 벌거벗었다고 하나
무릎과 소매가 닳은
허물이 보이지 않는다
고공에 오르는 길 목메어도
휘청대지 않던 걸음이
잠들면 천길 벼랑에서
몸서리치던 밤,
그 사내가 벗지 못한 어둠을
아직 봄이라 이르지 못하지만

옷이 눈을 거둔다
심장이 뛰던 곳에
눈꽃이 스미자
몸을 일으키려고 한다
나비가 날아들 차례인가

가을 바다

한 여자 갯바람에 붉게 울다 돌아갔다

한 사내 말없이 바다만 바라보다 갔다

사람들마다 찬 바다에 와서 울 일 많은가

무덤도 없이 다 들어 주고 말이 없는 곳

수심 잃고 뒤척이던 푸른빛 어둑하다

밖으로 여름 내보내 슬픔의 물깊이 들여다보라 하고

갯고랑 걸어가 낮달 된 마음들

어느 물길에서 환히 돋는 제 별 만나리라고

상강 지난 개펄 아득히 여위어 간다

천정天井

난청인 듯 사위 조용하다 우레도 닿지 않는 물밑 마을은 목 잠긴 바람 소리 듣지 못한다 내리막 풍경 겹겹이 두른 물살이 고래 등으로 움직인다

물풀 눈매 쓰다듬는 갈밭 있고 에움길 따라간 물길 있어 바위너설 지나 댓돌고갯마루 올라 마을 내려다보다 뒤란에서 시누대로 서서 흔들리는데

송홧가루 밀려 와 노란 모래밭, 육탈하여 뼈만 남은 나뭇가지는 아직도 본적지 옛 면소 가리키고 있다 혼자 걸어 간 새 발자국 물에 잠겨 허물고 지은 일이 무엇인가

빗발 받아들이는 호수에 두레박으로 떠 있는 산정, 까마귀 떼 같은 구름 내려앉는다

담

길 찾아 준 것은 호두나무였다 탱자 울 돌아드니 장독 몇 개로 담을 대신한 이웃 나타났다

옹기 너머 환히 들여다보이는 뒷마당이 옛일인가 했는데

검은 숯이 떠 있던 간장 나누다 헤어진 지 오래, 서로 담 치는 것이 싫어 여적

음식을 두고 있는 것이다

재취로 떠난 누이는 어디서 수저 들어 간 맞추고 있을까 호두알 여무는 그리움에 담 들었던 것도,

옹기 낮은 숨결도 자배기 낙수落水도 이제 모두 내 일이라

지금도 길 나서면 누이에게 담이 든 사연 묻지 못하고 묵은 장맛 보듯

빈 독 앞에서 나무 그림자로 머뭇댄다, 그저 간장 한 사발 얻으러 왔다고 머뭇댄다

화두話頭

1.

눈이 그쳤다 새들 내려앉지 않는 탄 더미 옆, 반지하 화물칸에 마네킹이 전라로 들어와 눕는다

설설 끓는 물속에서 멸치대가리 솟구친다 어머니 국숫물 끓어요 국물이 우러날 때까지 하얗게 바람의 식단 붙은 창문은 다시 천식 앓듯 덜컹거리고 문틀부터 고쳐야겠다, 어머니는 파 다듬으며 팔꿈치로 눈시울 누르려고 애쓴다 화물칸에 빈자리가 없구나 봄이 오기 전에 눈 감을 줄 모르는 저것부터 치워야겠는데

묵은 김칫독 파낸 자리에 마네킹 머리부터 묻었다 어지간히 울음도 묻혔을 법한데 폭설이 그치고 어디선가 별빛에 온몸 물린 짐승이 울고 있다

2.

머리 없는 마네킹이 늘어 가는 거리를 건너왔다 박해가

여전한가 목에서 우유빛깔 피가 흐르는 쇼윈도를 지나쳤다 존재하지 않는 곳에서 생각하는 머리 보았다 생각하는 곳에서 존재하지 않는 몸으로 감당하는 투명한 유곽, 머리 없는 것이 옷 갈아입고 있는 것 구경하던 식구들, 노인의 손을 놓치고 있다

3.
머리에 검은 봉지 뒤집어썼다

옷 다 벗었다 몸에 소름 하나 돋지 않는데 손바닥과 발바닥이 엄연하다 멧비둘기 뒷걸음친다 식전에 발굴한 것이다 살색이다

눈 오는 바다

감은 눈으로 머금고 있던 모습 하나 가만히 내려놓았다

조금씩 숨구멍 빠져나가는 울음 짙은 저녁, 숨죽이는 몸 차가운 구들이 달래 줄 때

회화나무들이 기르던 길도 이제 끊어졌다

아직 몸에 남의 피가 흐르는데 구석에 수액세트 엉겨 있다 세상과 이어주던 탯줄 속 알부민 누렇게 남아 있다 열에 굳어 말 잇지 못하고

더 이상 몸으로 흘러들지 못할 신앙 남았는데, 바깥은 비가 눈으로 바뀌었다

내려앉고 있는 것, 누군가 눈감고 물 위에 가만히 내려놓은 것이 있어

몸 바꾸며 이어 가야 할 일 바다에 남은 것이다

라파 누이*에게

눈동자 없는 모아이 눈에 비친 사람들 제 모습 모른다 하늘에 풀어 놓은 눈길도 바다에 물든 구름 되어 섬을 뜨지 못한다 바람 몰려와 길 물어도 대륙의 언어에서 가장 멀리 떨어진 절도絶島는 기왕의 배로 닿을 수 없는 침묵, 우리 몸에도 라파 누이가 있다

제 몸의 배꼽에도 접안할 수 없는 사람들 배에서 내려 물마루 타고 올라가 보는 잠버릇만 기이한 문양 이루고 있는 나라, 풀 수 없는 꿈에 매달려 아직도 나비잠에 취한 구렁과 불사의 바닷바람에 말라 가는 새의 무덤 뿐, 구멍 찾는 무의식이 혈거하는 바닥에 발 묻고 거석들 뜬눈으로 누워 있다

우리가 사는 곳도 배꼽에 돌 올려놓고 신열 앓는 거석 문화의 신도시다(라파 누이도 한때는 신도시였다) 숲 베어내고 들어앉은 동공에 모인 건물들 모아이 같다 오래된 벽화 뜯어낸 듯 밤이 오면 노란 애드벌룬 달이 세 개나 뜨

는 곳, 거푸집과 함께 떨어져 나간 신神들은 어디서 철거민들이 피우는 번제 흠향하는지,

아파트 현관 나설 때마다 부리나케 구두끈 동이고 가차없이 아후 밟는다 동전 삼키고 두들겨 맞는 자판기 같은 부활절 아침, 선물 같던 만월이 지고 다시 햇살 눈부신 백화점 앞 배꼽춤에 굳은 혀로 회개하는 소리가 카트 바퀴 따라 구른디 문신한 달갈마다 성호 긋는 나무들 사이, 춤추는 배꼽으로 이주한 젖소가 땅에 떨어진 푸카오에 멱미레 비벼대며 운다 이교도들이 치부책 같은 항해일지에 이스터라는 낯선 이름 올릴 때, 모아이 눈의 상처를 둘렀던 헝겊 풀어 얻은 지도 속에 파랑이 인다

* 이스터 섬을 원주민들은 '라파 누이' 라 불렀으나 부활절 Easter에 이 섬을 발견한 유럽인들이 섬에 '이스터' 라는 이름을 붙였다. 이 섬에는 유명한 거석 상들이 있는데 그것을 '모아이' 라고 부르고 그 받침대를 '아후' 라 하며 모아이가 쓰는 모자 같은 것을 '푸카오' 라고 한다.

목척교 해오라기

해거름에 날개 편다
새에게도 꽃말처럼 갈목에 묶어 둘
한 오라기 사연 있을 텐데
들판을 뜬 지 오래다

복개천 기둥 뒤에
흙 묻은 빨래같이 여윈잠 청하다
시간이 표백하는 철새의 지도 위로
도시의 뒷물 타고
등이 흰 물고기들 어둑발에 밀릴 무렵

텃새가 되어 버린 식구들 위해
엎질러진 저녁 술상에 처용처럼 부리 내린다
해오라기 본 사람들 모두 쓸쓸한 이민이다

풍장한 기억들 서쪽 하늘로 몰려가 구름 적시고
봉분 같은 해가 넘어가며

마음속 비문 하나 둘 지울 때
발밑에서 날개 펴는 모습 눈에 밟힌다

한 타래 등꽃으로 피어 속눈썹에 깃들 때
눈꺼풀 떨리는 것은
어두운 반지하 눅눅한 꿈 때문인가
고단한 날갯짓 때문인가

방랑자여, 슈파로 오려는가*

못 하나에 걸린 노란 모교母校가 있지
달팽이처럼 조용히 죽은 시계 지고 있어
무덤에서 튀어나온 망자의 그림자 밟고
장승이 길목 지키는 곳,
우리는 아직 암실을 걷고 있는 생이야
한탄 바이러스 고엽제가 인화된 칠판
현상해야 할 필름들 교실마다 쌓여 있는데
최후통첩 전 공습경보는 논바닥까지 가라앉았지
끌 수 없는 불이 섞인 황사 내리는 날
달개비 꽃 안색이 변하고
해마저 베옷 입고 입을 가렸어
그 낮빛에 소방차만 울면서 사라졌는데
숨튼 것들 수없이 묻힌 곳마다
제 손으로 닦을 수 없는 피눈물 흐르고
상처마다 철조망 박힌 수렁에
새들의 맨발 떠 있네
꽃 지고 나면 우듬지부터 잘리고

잎에 덮여 순장 당할 나무들이여
아직도 자신을 국gook**이라 부르며
재를 뒤집어쓰고 있는 인생들이여
눈앞에서 황새울이 떠나고
중덕 바당 수만 년 비나리 어멍,
구럼비 바위 산산이 부서지네

* 하인리히 뵐의 소설 제목

** 국(gook)은 매춘부, 바보, 오물 등의 뜻으로 쓰이던 말인데, 세계 여러 지역에 주둔하던 미군들이 원주민들이나 적군을 지칭할 때 사용하면서 아시아인들을 경멸하여 부르는 속어가 되었다. 특히 한국전쟁 당시 한국군과 민간인들 사이에서 '미국' 이라는 말이 자주 쓰이는 것을 듣고 미군들은 한국인들 스스로 자신을(me) 국(gook)이라 부른다고 여겼다.

빈 의자

날 향해 저물고 있는 것이다

비어 있는 곳이다 헛간 구석에 눈 쌓이는 소리

어렴풋한 새소리에 깊어진 골짜기, 등받이에도

그대 음성 들리지 않아

겨울 귀룽나무 심정으로 비어 있는 것이다

여윈 길에 울음처럼 내려앉은 불빛 보고

허우적대며 바람에 쓸려가다

숨 돌리고 있을 사람,

날 향해 말 없는 곳이다

□ 발문

시어의 신령한 기운에 대하여

― 생명의 모심과 시의 모심

임우기(문학평론가)

"저것 역시 시천주의 소리니라(是亦侍天主之聲)."

― 해월(海月) 최시형 선생, 1890년 말씀 중

"알려진 바 우주는 완벽한 연인을 하나 갖는데, 그는 바로 가장 위대한 시인이다.(…) 아름다움의 결실은 우연이나 실수로 맺어지는 게 아니다 … 그것은 생활처럼 피할 수 없는 것이고 … 정확하고 중력(重力)처럼 곧다. 시각에서 다른 시각이 나오고 듣기에서 다른 듣기가 이루어지고, 목소리에서 사람과 사물들의 이상한 조화에 대해 끝없는 호기심을 갖게 하는 목소리가 나온다.

― 월트 휘트먼Walt Whitman ,

『풀잎 Leaves of Grass』 서문(1855년 판) 중

시인 권덕하에게

1.

어제는 한가위. 강화도 함허동천 길로 단군께서 하늘에 제를 올리던 마니산 참성단에 올랐다 저녁 무렵 하산했다. 길가의 시골 마을들은 올 여름 유난히 잦은 폭우로 곡식들이 제대로 자라지 못해서인지 풀이 죽은 듯 적막한 느낌이다. 이제 가을밤 기운이 완연하다. 구름 사이로 언뜻언뜻 내미는 한가위 보름달이 어머님 맘같이 풍요롭고 정겹기만 하다.

새벽녘이면 인근 미루나무에 사는 매미들이며 풀벌레 소리로 소란스럽다. 모든 생명, 억조창생은 쉬지 않는다. 자연불식(自然不息). 참새 소리 매미 벌레 소리들의 오묘한 합창 속에서 비루한 일상 속으로 일순 생명의 외경이 찾아 들 때가 있다. 이 우주 생명의 신기한 조화(造化)가 사람들에게 생명의 경건함을 안겨준다. 그 소박하고 경건한 우주 생명의 자각은 그 자체가 신(神)의 내림이다.

삶의 외경을 느낀다는 것은 무엇을 뜻하는 것인가. 특정한 종교에 의지하지 않고서 이 근원적인 물음을 풀기 위해서는 인간과 하늘[우주 자연의 道]에 대해 고민해야 할 것 같다. 나와 하늘의 관계. 자기 삶 속에서 하늘의 길을 찾는 일은 삶의 본원(本源)을 이해한다는 것이다.

생명의 본원이란 무엇인가. 이 물음을 해결하기 위해 선각들께선 천도(天道)를 고뇌하였다. 그렇다면 천도란 무엇인가. 우주 생명이란 무엇인가. 우주 자연의 본원을 알기 위해 150억 년 전으로 시간 여행을 할 필요는 없다. 한 여름을 범람케 한 폭우 속에서, 속절없이 갈망하던 그 흔하디흔한 햇살 속에서, 본원은 인간 생각의 틈새로 혹은 결로 언뜻언뜻 보이는 것이니. 삶과 자연의 운행 속 틈새에 낀 해맑은 천도(天道)의 모습을 엿볼 수만 있다면, 그것으로 천도 또는 우주─생명의 운행원리는 모든 삶 안에 이미 존재함을 깨닫게 되는 것일 테니까. 곧 하늘은 내 안에 있는 것이란 자각.

우주 생명이란 내가 접한 바깥 기운이면서도 또한 내 안에 살아있는 우주 생명의 세계이다. 이를 이해하고 실감하는 것은 중요하다. 서양 근대과학이 우주의 객관적인 물리적 존재를 어느 정도 밝혀냈을지 모른다. 하지만, 서구 과학은 마음과 이성을 서로 모순 속에 빠트리게 한다. 하여 서세동점의 폭풍우가 몰아치던 150년 전 동방의 성인(聖人)은 서도(西道)를 가리켜, "한울과 사람을 서로 멀리 하게" 하여 "몸에 기화(氣化)하는 신령(神靈)이 생기지 않고 마음한울의 가르침을 받지 못하므로 생각은 있으되 마음에 얻는 바가 없고 형식은 있으되 진실됨이 없어 도(道)가 허무(虛無)에 가까우니 이것이 서로 다른 것"이라고 동도

와 서도의 차이를 갈파했던 것. 근대 이후 서학(西學)은 말의 모순 속에서 삶 안의 하늘을 바깥의 하늘로 분리시켰고, 이는 우주와 마음 사이의 모순과 갈등을 심화시켰다.

우주 생명은 총체성으로 말할 수 없다. 우주는 시작과 끝을 말하지 않고 이곳과 저곳을 나누지 않을 뿐이다. 우주는 부분으로 말하고 소우주로 대우주를 말한다. 우주적 삶은 삶 속의 시와 우주를 나누지 않는다. 당연히 시에 우주가 있고, 우주는 시로 살아난다. 시 속에 우주라는 빈집이 있다. 그러니 시의 빈집[宇宙]에 시가 살고 있는 것이다. 시의 빈집에 우주의 빛과 소리와 의미가 살아간다. 그 우주라는 빈집에 뜻으로 전해지지 않는 뜻이 살고, 보이지 않는 빛이 살고, 들리지 않는 소리가 산다.

우주는, 어떤 총체적인 우주론이나 당위로서 우주가 전제하기 이전에, 온삶이 있기에 우주가 있고, 우주가 있기에 온삶이 있다는 사실. 우주는 머릿속에 그리는 우주가 아니라 말 그대로 생활하는 우주이다. 언어도 우주를 전제로 한다. 언어는 인간 삶의 기본 형식이기 때문이다. 언어를 다루는 시인도, 그 시어들도 우주와의 불가분의 관계를 전제로 한다. 오히려 시인의 언어는 더욱더 우주의 본성에 가깝다. 위대한 시인은 세속적이고 사회적인 또 역사적 의미 너머를 고뇌하기 때문이다. 그러므로 너무 당연한 말이지만, 시어의 우주적 자각은 모든 시인에게 중요하며, 또 그러기 위해 시인이 누려온 세속적 언어의 기득권을 시인은 자발적으로 포기해야만 한다. 언어의 기득권을 포기하고 폐기할 때 시어의 우주적 생명성은 자생력을 얻는 기회를 마련하게 된다. 세속적 기득권을 버리지 않은 채 어떻게 우주적 권리를 새로이 구할 수 있겠는가?

'가장 위대한 시인은 우주의 완벽한 연인이다'라는 시인 월트 휘트먼Walt Whitman의 언명 속에 시인의 운명과 사명이 예고되어 있다. 위대한 시인은 인간과 우주 자연의 근본을 고뇌하는 자인 것이다. 인간 내면에 근원적으로 살아 있는 우주의 빛과 숨결과 소리를. 그러기 위해 시인은 세속적 기득권을, 언어의 기득권을 스스로 내던져야 하는 것이다.

시인은 세속적 권리를 포기하고 버림으로써 자기 안에 우주 생명을 영접한다. 그렇게 하여, 우주 생명은 모든 시인의 삶에 저절로 기본적인 것이 된다. 자기 안의 하늘, 혹은 우주 생명을 생각하고 자각하고 기꺼이 공경하는 것이 시인의 존재론적 조건이다. 그럼으로써 우주적 삶을 시로써 노래하게 되길 갈망한다.

시인이 고뇌하는 게 아니라 시인 안의 우주가 고뇌하는 것이다. 시인이 방황하는 게 아니라 시인 안의 우주가 방황하는 것이다. 그리하여 시인의 모든 문학적 고뇌는 우주로 돌아간다. 나의 문학 행위는 우주에서 오고 우주로 환원(還元)한다. 시인 안의 하늘에서 시가 오고 시인 안의 하늘로 시는 다시 돌아가는 것이다. 시인이 시를 쓰는 게 아니라 시인 안의 신(神道)이 시를 쓰는 것이다. 왜 시를 쓰는가 라는 질문은 허망한 질문이다. 내안의 우주 생명이 시를 자발적으로 쓰는 것이다.

그러나, 시는 내 안의 우주의 성격이지만, 삶과 시는 서로 아이러니컬한 관계를 이룬다. 시와 시인은 서로 아이러니컬한 관계이다. 시인은 삶의 본원으로서의 우주 생명을 담은 시어, 그 영혼의 시어를 얻기 위해 자기 영혼을 오히려 삶의 현실 속에서 단련시켜야 하기 때문이다. 철강석이 수천 도 불구덩이에서 오랫동안 단련되어야만 훌륭한 강철로 다시 탄생하듯. 시혼(詩魂)이란 초월에 살고 있는 영혼이 아니라 세속에 살고 있는 초월적 영혼인 것이다. 오히려 이 아이러니야말로 시가 지닌 신뢰할 만한 가치 중 하나이다. 시를 통해 우주 생명은 세속 세계에 살림터를 마련하는 것이다. 이러한 의미에서 시인은 세속을 통해 세속을 넘어야 하는 시혼의 역설적인 힘을 지닌 자이다. 현실을 통해 현실을 넘어, 우주적 혼에 도달하는 복합적이고 역설적인 영혼의 힘을 지닌 자.

시인은 시인 안에 우주 생명을 받들어 들이기 위해 마음을 비운다. 세속적 욕망을 지우고 비우지 않고는 우주의 말을 받들어 들일 수 없으므로. 방을 비우지 않고는 님을

맞을 수 없듯이. 빈방 혹은 빈집의 속 깊은 뜻이 여기에 있다. 떠오르는 대로, 시인 김지하와 기형도의 시를 예로 들 수가 있겠다. 빈집과 빈방의 절절한 체험을 통해 우주 생명의 터가 비로소 마련되는 것이다. 그 세속적인 빈집과 빈방의 공간을 통해 우주 생명이라는 초월적 세계를 접하고 받들어 들이는 것. '빈집' 의 시린 체험 속에서, 비로소 "사랑을 잃고 나는 쓰네"라는 탄식과 함께 시가 탄생하는 것이다. 세속적 사랑을 넘어 시는 우주 생명의 사랑을 쓴다! 빈집과 빈방의 체험이 바로 시가 채워지는 계기인 것이다.

권덕하의 시에서 '빈집' 은 우주의 신명(神明)이 사는 집이다. 하여 '빈집' 은 시가 사는 집이기도 하다. 낡아서 민감하고 오래되어서 귀신(鬼神)으로 살아 숨 쉬는 집, 당(堂)집 같은 빈집. "집이 전화 받고 싶을 때가 있다 의자나 식탁도 귀 기울이다 모서리 질 때 있다 혼자 살다 무너진 사람 대신에// (…중략…) // 먼 산 마음도 불빛 하얗게 바래도록 장지에 머물다 가는, 그런 유적 같은 밤이 지나고 처마 밑 낙숫물 듣던 자리에 다하지 못한 몇 마디 말이 패여 있어// 훍투성이로 돌아와 귀 가까이 신발 틀어쥔, 행색도 비어 있는 집"(「빈집」). 외롭고 쓸쓸한 빈집 귀신과 시인간의 통화(通話). 그러니, 시의 빈집에 시가 산다.

옛 선각들께서 설파했듯이, 대자연은 우주에 가득 찬 신령한 기운 곧 지기(至氣)에 따른 화생(化生)의 산물이다. 그러므로 우주 생명[神]에 이르고자 한다면, '나'를 포함한 삼라만상은 자연(自然) 한가운데서 지기에 의해 화생한 존재[無爲而化]이며, 우주 생명의 기운이 바로 나의 기운이요, 바른 나의 성품이 곧 우주 생명의 성품임을 자각해야 한다. 삼라만상이 다 지기에서 나서 자라고 지기 속으로 돌아가니 지기야말로 만물의 어머니요 생명력인 것이다.

따라서 시인을 이렇게 정의내릴 수도 있을 것이다. '시인이란 대자연의 지기를 자기 신령한 본성으로 접하고 이를 언어로서 화생케 하는 자이다.' 내 안과 밖의 사물이 서로 접신하는 기운이 바로 시가 탄생하는 지극한 기운인 것이다. 이러한 시어의 탄생은, 해월 선생이 "천어(天語)란 곧 인어(人語)이니라"고 하신 말씀의 뜻과 맥이 통하는 바가 있다 할 것이다.

2.

시어에 이르기 위해 시인은 기존 언어의 타락한 기득권과 싸워야 한다. 그 언어적 기득권, 상투화되고 탐욕화되고 세습화된 언어의 각질과 주검을 걷어치우는 것은 자기의 비움과 버림을 통해서 완성될 수 있는 것이다. 먹물들의 인문적 교양 의식 따위에 의해 타성화된 지성의 시들이

활개를 치는 이 시대에, 백석의 시는 우리의 어둔 길을 안내하는 반딧불과도 같다.

백석 시가 오늘의 한국 문학에서 절실한 뜻으로 다가오는 소이는, 무엇보다도 "유난히 작고 가냘프고 여린 것, 외롭고 못난 사물과 가여운 생명들에 대하여 남다른 관심과 애착을 가지고" "하나같이 외롭고 쓸쓸하며 가난한 서민들"(이동순, 『백석의 시는 우리에게 무엇인가』)을 깊이 사랑하는 시인의 마음에 있지 않을까 생각한다. 시인 백석은 "높은 시름이 있고 높은 슬픔이 있는 혼" "세상의 온갖 슬프지 안흔 것에 슬퍼할 줄 아는 혼(魂)"(「슬픔과 진실—여수 박팔양 씨 시초 독후감」)을 지닌 이가 시인이라고 적었다. "높은 시름이 있고 높은 슬픔이 있는 혼"이 궁금할 텐데, 조금 다른 시각으로 본다면, 이는 하늘의 높은 섭리를 우러르는 이 세상 속 시인의 시름과 슬픔이라고 말할 수 있을 것이다. 시름이나 슬픔은 세속 세계에서 벌어진 인간만사일 터이니, 백석의 시인론에서 높은 시름과 높은 슬픔이란, 세속적이면서도 동시에 본원적인 시름이고 세속적이면서도 본원적인 슬픔이라 한다면, 세상의 괴로움과 고통 속에서 시인이란 존재는 우주 자연의 본원적 생명성을 받들어 들여 작고 여린 뭇 생명들과 가난하고 외로운 민중들의 삶에 깊은 관심과 사랑을 기울이는 존재인 것이다. 이는 백석의 시인론이기도 한 것인데, 이러한 하늘이 내린 본원적 성품으로서의 시인의 기품은, 백석 시의 독창적인 문학적 성과로 이어지고, 그 성과들 가운데 주목할 것은 백석의 시어가 사물과 언어의 즉자성이나 육체성을 보여 주는 데 그치지 않고, 그 너머 언어의 신기한 자연성과 자생력을 보여 준다는 데에 있다고 생각한다.

한편으로 그간의 시학적 인문학적 접근을 수용하면서 다른 한편으로 더 깊이 더 너머에 존재하는 백석 시의 특히나 괄목할 시성(詩性)은 백석 시어의 신령기(神靈氣)에 있다. 시어가 신령기를 지니고 있다는 말은 시어가 하나의 살아 있는 생명체로서 오묘한 생명활동을 영위함을 가리키는 것인즉, 결국 진실한 시어는 그 자체 스스로 자생적이고 독립적인 생명의 활동 형식이며 동시에 우주적 생활의 형식 가운데 하나라는 뜻이며, 더 나아가면, 시어가 마음과 서로 통하여 신령한 기운을 발휘하는 초인간적 언어임을 뜻하는 것이다.

따라서 '신령한 기운'과 그로 말미암은 '영혼의 정화(淨化)', 바로 이것이 백석 시가 지닌 가장 위대한 특징이 된다. 방언이란 자연어의 한 갈래를 이루는 것이지만, 또 백석 시의 방언은 그 북방적 지역성과 제한된 시대성으로 인해, 사어(死語)의 형식을 지니고 있지만, 언어의 죽음이 오히려 귀신의 언어로 수없이 끊임없이 부활하는 기적과 역설의 시어가 되고 있다. 언어적 기능성이나 효용성은 극히

제한적일 수밖에 없지만 백석 시에서 언어의 죽음이 오히려 언어의 부활을 경건하고도 강렬하게 경험하게 한다는 점에서 특별하고도 신묘한 시적 성취라 할 수 있는 것이다. 그것은 백석 시어가 인간의 언어이면서도 인간 너머의 신령한 기운을 간직하고 있음을 의미하는 것.

이러한 '신령'과 '정화'의 시혼이 담긴 시편들을 백석의 시집에서 찾아내어 여기에 제시하는 일은 조금도 어려운 일이 아니다. 여기 백석 시가 우리에게 안겨 주는 신령과 정화의 체험, 시인이 꿈꾸는 인생과 세계관, 우주관을 함께 보여 주는 소박하고도 쉬운 시 한 편이 있다.

> 가난한 내가
> 아름다운 나타샤를 사랑해서
> 오늘밤은 푹푹 눈이 나린다
>
> 나타샤를 사랑은 하고
> 눈은 푹푹 날리고
> 나는 혼자 쓸쓸히 앉어 소주를 마신다
> 소주를 마시며 생각한다
> 나타샤와 나는
> 눈이 푹푹 쌓이는 밤 흰 당나귀 타고
> 산골로 가자 출출이 우는 깊은 산골로 가 마가리에 살자

눈은 푹푹 나리고
나는 나타샤를 생각하고
나타샤가 아니올 리 없다
언제 벌써 내 속에 고조곤히 와 이야기한다
산골로 가는 것은 세상한테 지는 것이 아니다
세상 같은 건 더러워 버리는 것이다

눈은 푹푹 나리고
아름다운 나타샤는 나를 사랑하고
어데서 흰 당나귀도 오늘밤이 좋아서 응앙응앙 울을 것이다

—「나와 나타샤와 흰 당나귀」 전문

함박눈이 '푹푹' 내려 쌓이는 북방 마을에서 '가난한 나'는 "아름다운 나타샤를 사랑해서/ 오늘밤은 푹푹 눈이 나린다"라고 말한다. 나타샤에 대한 사랑이 '눈을 푹푹 나리게' 하는 것이다. 사랑이 눈을 푹푹 나리게 한다. 이 시구에서 자연과 인간은 서로 나뉘어 있지 않다. 그래서 2연 "나타샤를 사랑은 하고"와 "눈은 푹푹 날리고"와 "나는 혼자 쓸쓸히 앉어 소주를 마신다"는 각 시행의 각 의미들과 각 정경들이 서로 연결되고 뒤섞이면서 이웃고 하나의 우

주 자연적 정황으로 고양된다. 각각 다른 의미를 지닌 3개의 정경들이 하나로 이어질 때, 시적 정황은 환상으로 자연스럽게 연결된다. 눈이 푹푹 나리는 밤과 나타샤에 대한 사랑과 쓸쓸히 소주를 마시는 나의 내면은 환상을 낳고, 다시 환상은 "흰 당나귀"와 접령(接靈)하는 새로운 세계로 전이(轉移)되는 것이다. "소주를 마시며 생각한다/ 나타샤와 나는/ 눈이 푹푹 쌓이는 밤 흰 당나귀 타고/ 산골로 가자 출출이 우는 깊은 산골로 가 마가리에 살자"라는 시구는 현실과 환상이 하나로 이어졌음을 보여 주며 이는 이 시가 접령의 기운 속에서 태어난 시임을 알려 준다. 시 3연에서도 눈과 흰 당나귀와의 접령의 기운은 지속된다. 그 접령의 기운이 확실하므로, '푹푹' 나리는 눈과의 영혼적 교감 속에서 나는 사랑하는 "나타샤가 아니올 리 없다"고 확신한다.

그리고 다시, 환상은 나타샤의 목소리의 환청을 불러온다. "언제 벌써 내 속에 고조곤히 와 이야기한다/ 산골로 가는 것은 세상한테 지는 것이 아니다/ 세상 같은 건 더러워 버리는 것이다" 이 시구를 가리켜 취기나 환상에서 나온 시구라고, 비현실적인 시상이라고 치부할 수 있을까? 또 절망적인 식민지 현실에서 도피하려는 낭만적 몽상에 불과한 시라고 비판할 수 있을까? 이러한 비판들은 그저 삶과 역사의 겉치레만 문제 삼는 비평치들의 짧은 생각에

불과하다. 시어와 삶과 역사의 속에서 깊이 작동하는 맑은 영혼의 삶을, 본원의 생명력을 알 수도 느낄 수도 없기 때문에 나오는 비평치.

백석의 모든 시편들은, 이 시의 예처럼, 푹푹 눈은 나리는 북방의 자연과 순결한 북방 여인의 영혼과 흰 당나귀의 해맑은 자연의 기운이 서로 어울려 접령의 조화(造化)를 부리는, 북방의 고유 정서가 살아 숨 쉬고 있다. 북방 특유의 무(巫)스러운 풍속에서 자연스럽게 우러나온 접신의 활기, 접령지기의 조화(造化), 신기한 아우라가 시의 안팎으로 '푹푹' '응앙응앙' 하고 맑게 내뿜긴다. 그러하기에 시어 '푹푹' 은 단지 일반 언어가 아니라, 눈이 쏟아지는 북방 겨울의 기운을 내뿜고 있는 접령—접신의 언어라고 할 것이다. (이런 까닭에, 가령 2연에서 "눈은 푹푹 날리고" 에서 "날리고" 를 문법적 오기(誤記)로 지적할 시적 이유가 없다. '푹푹' 은 눈이 나리는 것을 강조하는 시어이면서도, 단순히 부사어로 치부되기 이전에, 그 시어 스스로가 독립적인 주어(主語)로 활동한다고 할 수 있다. "눈이 푹푹 내리고" 라는 시구는 그 자체가 눈이 퍼붓는 북방의 밤 정황과 거센 기운을 담고 있는 것이다. '눈' 과 '푹푹' 과 '내리고' 와 '날리고' 는 서로 의미 맥락으로 연결된 문장 성분을 이루면서도 서로 독립적 주어들임이 희미하게 드러난다.) 그러므로 되풀이하여 강조되고 있는 시어 '푹푹' 은 부사어로 그치지 않고 스스로 살아가는 '개별어' 이자 '시적 정황의 주어(主語)' 이다. 부사어 '푹푹' 에는 문법의 차원 너머에서 시적 정황을 살리는 생명력이 있고 이를 통한 교감의 생성하는 신기한 힘이 있다. '푹푹' 으로 정황은 화생[氣化]하고, '푹푹' 에서 퍼져 나오는 우주 생명의 기운이 시 안팎에 넘나들게 되는 것이다. 시어의 신령한 기운은 '푹푹' 에서 우선적으로 살펴지는 것이니, 시어 '푹푹' 은 다시 말하지만, 그 자체로 특정 정황의 독립된 주어인 셈이다. 이 시의 주목할 시어들인 '출출이' '마가리' '고조곤히' 와 같은 북방 사투리는 물론이며, '푹푹' '응앙응앙' 과 같은 의태어 의성어들은 저마다 아우라를 지닌 특정 정황의 독립된 시어들로서, 이 시어들의 신령한 기운들이 이 시의 고유한 시적 생명력을 북돋고 있다.

3.

이 귀한 첫 시집에 '발문' 을 붙이면서 곁말이 너무 길어졌다. 하지만, 시에 대한 나의 소견(所見)이 좀 더 분명해진 감이 없지 않다. 이 첫 시집이 지닌 시적 의미와 가치는 위에서 말한 바처럼, '신령한 기운' 과 '영혼의 정화' 의 세계로 귀결된다. 권덕하의 시는 그의 타고난 천품이 그러하듯이 맑은 영혼의 시어로 짜여졌고, 그 시어들의 짜임 속

올올이 신령한 기운이 배어 숨 쉰다.

시인의 시적 발상이 의외(意外)일 경우가 종종 있고 보면, 이 경우의 시편들은 대체로 시인의 사적인 체험에서 시적 상상력을 취한 경우가 대체적이지만, 바로 그러하기에 시인의 시적 발상은 누구에게도 옮겨질 수 없는 저만의 신기한 기운을 발휘한다. 시를 쓰는 순간, 시인 안의 신령한 기운을, 신령한 내림을 중히 여겨 모셔 들이는 것이다. 시적인 어색함을 느낀다는 것은 느끼는 자가 왕왕 통념이나 일반론적인 학습 내용에 빠져 있는 게 아닌가를 반성해야 할 경우가 허다할 뿐, 맑고 외로운 시혼에게 날아드는 시적 상상력은 통상적이거나 이성적인 상상력과는 다른 차원의, 아래와 같은 시들에서 느끼듯이, 맑은 기운을 한껏 들인 시적 어색함을 맘껏 누릴 수 있게 한다.

(1)

새 한 마리 몸 안으로 날아 들어와 울고 있다 나를 거쳐 가려다 길 잃었나 살갗에 소금이 와 하얗다 서늘해 고개 들어 보니 마른 쑥부쟁이 흔들고 가는 바람 끝에 푸른 눈빛 선연하다 조감할 수 없는 것을 울고 가는 새 있어 내 몸 회목에도 그늘지고 발바닥 부르트고 기슭으로 길이 난 것이다

—「덩굴 숲 1」 전문

(2)

어린 서어나무 아래 흙 파서 수의 입힌다 새 한 마리 바닥을 확인하고 간다

개흙 냄새 짙은 북편에 백魄이 서린 그늘만 내놓고 바람이 경전을 덮는다 가매진 나무는 종일 입이 무겁다

신당 차린 숲에서 시간 길게 휘어지고 새들 끌어당기는 시위의 힘 보인다

가라앉으려는 구름의 넋 건너가고, 날아오르려는 나뭇가지의 맘 건너오는 사이, 사라진 것도 환해진 것도 다 나무의 일이라

남은 햇살마저 묻고 나니 눈길이 향불 따라간다 창포 욱은 연못가 지나 헐은 들마루에 새로 올린 솟대까지

곧 밤그늘 질 것이다 아이 업은 두꺼비 한 마리 어디론가 천천히 당집 끌고 간다

—「나무에 묻다」 전문

(3)

수염 긴 할아버지 좌상까지 밀려 와 진지 드셔요

제 꽃을 권하는 국수나무가 사는 비탈도

부뚜막 그늘에서 노랗게 익을 무렵

묵은 정 밥물처럼 끓어 넘치고

꽃향기 낭창거리며 뜸 들이는데

바싹 달은 숲으로 걸어 들어간 여자

좀처럼 나올 생각 없고

솔방울 다닥다닥 붙은 소나무만

지긋이 굽어보는 힘으로

몸에 남은 햇발 꽉 틀어쥐고 있다

—「숲정이 저녁」 전문

인용 시들엔 모두 산골의 기운이 깊이 배어 있다. 굳이 달리 말하자면, 자연 회귀(自然回歸). 이 글 앞에서 백석 시 「나와 나타샤와 흰 당나귀」의 해석 중에서 빠트린 게 있다. 그것은, 시인 안에서 들리는 나타샤의 목소리, "산골로 가는 것은 세상한테 지는 것이 아니다/ 세상 같은 건 더러워 버리는 것이다" 나타샤는 실제 연인일 수도, 환상 속 여인일 수도 있다. 그 나타샤가 내 안의 소리로 '내려' [일종의 강화(降話)다!], 우주 자연 속 작고 어여쁜 신처럼 말한다. '이 세상을 버리고 산골로 떠나는 것은 세상에 지는 것이 아니다!' 라고. 세상에 지는 게 아닌 자연으로 돌아감이다! 그러므로 자연 회귀, 원시반본은 지는 게 아니라 새로운 접령과 접신의 세상으로 들어감을 뜻한다. 산골로 떠나는 결행은 현실 도피가 아니라 우주 생명과 접합의 삶을 찾아가는 걸 뜻하는 것이다.

그래서 시인은 "눈은 푹푹 나리고/ 아름다운 나타샤는 나를 사랑하고/ 어데서 흰 당나귀도 오늘밤이 좋아서 응앙응앙 울을 것이다"라는 아름다운 시구를 낳게 된다. 자연과 인간이 둘이 아닌 영혼의 화신(化身), 흰 당나귀의 "응앙응앙" 울음은 우주 생명의 맑고 앳된 원시적 영혼, 아기 한울님의 탄생을 알리는 울음소리이다. 자연 회귀와 원시반본은 그러므로 현실 도피가 아니라 우주 생명의 본원으로 돌아가는 탄생의 새 세상을 가리킨다.

인용된 권덕하의 시들 또한 이러한 맥락에서 같이 이해할 수 있다. 의미론적으로 깊이 따져야 할 시구들이 없는 것은 아니나 그건 별로 중요하지 않다. 모호함과 어색함은 오히려 시의 특징이다. 그 모호함을 이해가능하게 하는 힘은 자연과 인간이 서로 어울리며 서로에게 간섭—참여하는 신령한 기운이다.

인용 시 (1)은 이 첫 시집을 빛낼 아주 아름다운 시편들, 가령 「연기 이모」와 같은 시들과 함께 기억에 남을 만한 작품이다. 모든 시어들이 해맑은 마음에서 나온 시어들이고, 해맑은 마음의 시어이기에 우주 생명을 온전히 모시고 들이는 시라 할 것이다. "새 한 마리 몸 안으로 날아 들어와 울고 있다 나를 거쳐 가려다 길 잃었나 살갗에 소금이 와 하얗다 서늘해 고개 들어 보니 마른 쑥부쟁이 흔들고 가는 바람 끝에 푸른 눈빛 선연하다 조감할 수 없는 것을 울고 가는 새 있어 내 몸 회목에도 그늘지고 발바닥 부르트고 기슭으로 길이 난 것이다" 이 시를 다시 읽어도 어떤 시어 하나도 잠시 버리거나 소외시키거나 차별할 수가 없어 결국 모두 다 읽어야 한다. 지극한 기운을 얻은 마음 깊은 시어들이기에 그럴 것이다……. 내 안에 새가 운다는 우주 자연의 모심에의 자각과 마른 쑥부쟁이 흔들고 가는 바람의 자각과 내 몸의 회목에도 그늘이 짐을 느낄 때, 바로 그때 '기슭으로도 길이 난 것이다'는 자각이 이는 것은 지극히 자연스러운 것이다. 인위가 아닌 무위이화의 경지를 깨달은 시가 바로 이 시의 경우이다. 시인이 깨닫는 것이라기보다 시인 안의 신령함이, 시성(詩性)이 시를 낳는 것이다. 무위이화는 우주 자연의 생성 과정 그 자체이다.

인용시 (2), (3)에서 자연 회귀와 본원으로의 반본(返本)의 시상(詩想)은 계속된다. 하지만, 두 시의 경우, 인간 마을 쪽으로 더 내려와 있다. "어린 서어나무 아래 흙 파서 수의 입힌다 새 한 마리 바닥을 확인하고 간다// 개흙 냄새 짙은 북편에 백魄이 서린 그늘만 내놓고 바람이 경진을 덮는다 가매진 나무는 종일 입이 무겁다"라는 시구들은 새 한 마리의 죽음을 놓고서 우주 자연의 기묘한 변화를 그린다는 점에서 귀신의 움직임을 보는 무당의 의식 세계를 닮았다. 다음 구절 "신당 차린 숲에서 시간 길게 휘어지고 새들 끌어당기는 시위의 힘 보인다// 가라앉으려는 구름의 넋 건너가고, 날아오르려는 나뭇가지의 맘 건너오는 사이, 사라진 것도 환해진 것도 다 나무의 일이라"에 오면, 인간의 시간을 휘게 하고 구름의 넋과 나뭇가지들의 신기한 조화(造化)를 즉관(卽觀)하는 본원적 상상력이 펼쳐지고, 이내 "곧 밤그늘 질 것이다 아이 업은 두꺼비 한 마리 어디론가 천천히 당집 끌고 간다"는 '천천히 당집을 끌고 가는 아이 업은 두꺼비'의 상상력이 이어진다. 사복(蛇僕)의 설화가 우리 민족의 본원적 탄생—죽음의 회귀와 반본의 신화를 보여 주었듯이, 난생(卵生)의 두꺼비가 죽은 새―탄생한 아이를 업은 채 당집을 천천히 끌고서 어디론가 가는 시상(詩想)! 이 본원적 시상은 시집 곳곳에서 영롱하게 빛난다. 그 본원적 시상의 속내를 엿보게 하는 시, 「詩」를 본다.

> 휘파람 불듯 비눗방울 날리듯
> 입에서 새끼들 풀어 놓는 물고기 있다
> 찰나에 어미 입으로 숨어드는 목숨들 있다
>
> 물풀로 금줄 치고 부화 기다리다
> 주리고 주려서 뼈가 되고
> 살이 붙는 말
>
> 머금어 기를 수 있는 것이
> 자식들만 아니구나
> 곡절에 피어나 가슴을 치는 노랫말도
> 난생卵生이구나
>
> 눈감고 부르는 청 좋은 노래,
> 구전口傳하는 생명이여

―「詩」 전문

미루어 보건대, 권덕하에게 시상(詩想)은 "난생卵生"의 비유로서 풀이된다. 시는 알이다. 알은 시작됨이 없는 시작이요 끝남이 없는 끝남의 우주적 본원성을 상징한다. 그래서 연원이 어딘지 알 길이 없는, 끝남이 어딘지 알 길이 없는, 그 자체로 완전무결한 알의 언어가 시어가 된다. 바로 그 알이 곧 본원적 시상의 비유를 이루게 되고 시의 절대적 비유가 되는 것이다. 하여 시인은 "난생卵生"하는 어미이다.

시인의 알은 "주리고 주려서" '머금고 머금어서' 혈육(血肉)을 기르는 어미 몸에 난 구멍을 운명적으로 모시며 살아가는 난생의 알이다! 주리고 또 주림이, 머금고 또 머금음이 지기(至氣)에 이르러 새 생명을 얻고, 기운의 조화(造化)가 무궁하게 이어지는 생명의 이치를 시인은 난생에서 본다. 시인의 표현을 빌리면, 시작도 끝도 없는 먼 데에서 "구전口傳하는 생명"이 곧 난생의 알이요 시다. 주림과 머금음의 삶으로 하여 신령한 기운이 가득한 어미 물고기의 입김 같은 시, 그리하여 시인은 "곡절에 피어나 가슴을 치는 노랫말도/ 난생卵生이구나"라고 노래한다.

난생의 언어는 스스로 생명을 낳아 기르는 신령한 기운의 언어. 그러하기에 세속 언어[말]이면서도 세속 언어를 초월한 언어[말씀], 달리 말하면, 원시반본(原始返本)의 언어, 반본을 거듭할수록 속세에 밝힘을 더해 주는 신령한 기운의 언어가 바로 시의 본원이요 우주 생명이 살아가는 '빈집' 의 시인 셈이다.

위 인용시 (3)에서도 자연 회귀의 본원적 상상력은 계속된다. 관능의 냄새와 분위기가 풍기는 이 시에서도, 남녀의 관능은 숨겨져 있다. 오히려 남녀의 관능으로 인해, 자연은 자연의 관능을 만끽한다. 인간의 관능은 다름 아닌 자연의 관능인 것이다. 그리하여, 자연 회귀의 철학과 신념은 "솔방울 다닥다닥 붙은 소나무만// 지긋이 굽어보는 힘으로// 몸에 남은 햇발 꽉 틀어쥐고 있다"라는 시구에서처럼 인간과 자연이 한 기운[一氣]임을 아름답게 표현하게 되는 것이다.(이 시에서 한 행이 한 연으로 각 행간을 비워 놓은 것은 각 행이 자아내는 시적인 기운의 운기(運氣)를 고려할 때 적절한 시적 구성이다. '숲정이 저녁' 이란 신기로운 본원의 언어, 신 내림의 시어에도 주목할 것!)

권덕하의 첫 시집에서 이러한 자연 회귀와 반본의 시상을 통하여 시인에게 내림된 신령한 시어들을 만나는 일은, 그 시적 성취로 보아, 매우 소중한 것이다. (가령「연기 이모」,「외가」,「밤참」,「한낮」,「옛집」,「그리운 금강」,「빈 의자」…. 이러한 시들을 보자.)

시인 권덕하 아우.

나는 위에서 백석의 시「나와 나타샤와 흰 당나귀」에 대해 말하면서, 시인 백석은 권력과 금력에 찌든 썩은 사회(식민지 시대의 서울, 漢城)를 버리고 북방에서의 새 삶을 위해 우주 자연으로 회귀를 결심하는 순간, 반본(返本)의 삶을 이루는 순간, 흰 당나귀마저 "응앙응앙"하는 울음소리로, 새 인간상(人間像)의 탄생을 기뻐함을 노래했다고 했다. "응앙응앙"이라는 원시적 인간의 울음 속에 우주 생명의 탄생―재탄생을 마침내 이루어 가는 새 세상이 이미 준비되어 있다고 본 것이다.

그래서 시어 "응앙응앙"이야말로 마음의 언어, 본원적 생명의 언어인 모어(母語)요 하늘의 언어[天語]라고 할 수 있다. 물론 백석 시에 나오는 수많은 북방 사투리와 북방 언어들은 이제 사전을 찾지 않으면 이해가 어렵다는 문제가 제기될 것이다. 하지만 시란 의미론 너머에 존재할 수 있다는 사실을 백석 시는 오늘의 한국 문학인들에게 알려주고 있다. 이를 이해하는 것이 이 글의 목표이기도 하다. 아마도 그래서 백석은 흰 당나귀라는 자연물도 인간과 평등하게 가장 깨끗하고 정화된 인간의 언어, 곧 탄생의 원시적 언어인, '응앙응앙'이라는 해맑은 소리를 내게 했을 것이다. 그러니, 해월 선생께서 갓난아이의 마음이 곧 마음의 신령함이라고 설파하셨듯이, 흰 당나귀가 우는 갓난아이의 "응앙응앙" 울음소리란 "저 역시 시천주의 소리"가 아니고 무엇이겠는가. 그것은 삶의 모심 곧 시천주가 낳은

'영혼의 정화(淨化)' 의 언어인 것이다. (오래전부터 선각들은 이런 언어의 초월적 경험의 순간을 가리켜, 신령스런 기운 또는 귀신의 서림과 접신으로 이해했다. 해월 최시형 선생은 1890년 어느 여름날 참새 떼가 지저귀는 소리를 듣고서 이렇게 설한 바 있다. "저것 역시 시천주(侍天主)의 소리니라. 묘하도다. 천지의 영묘(靈妙)함이여. 모든 일에 간섭치 아니함이 없도다.") 이제 사물에 사물의 우주적 자생력과 자발성과 그 영험을 불어넣어 주기 위해 시인은 자신의 속된 언어 체계를 버리는 것이 전제되어야 한다.

지나는 길에 하는 허드레 말이지만, 발터 벤야민Walter Benjamin 사상의 핵심 개념인 아우라aura도 신령한 기운의 서구적 변형이라고 나는 생각한다. 예술 작품이나 시에서 번져 나오는 오묘한 기운. 귀신. 아우라를 체험하는 것은 그 귀신이 들고남을 살피는 것이다. 결국 아우라를 깊이 살피는 길은 예술의 본원적 생명성 나아가 우주성을 살피는 길인 셈이며, 시로 본다면, 시어의 자발성과 자생성, 그 신령스런 기운을 살피는 길이 된다. 내가 보기에 그러하기 위해서는 서구적 교양 의식에 절은 언어 또는 지성적인 언어, 그 기득권적 언어를 버리고 비우는 게 전제되어야 하는 것 아닐까? 백석 시와 권덕하의 첫 시집에서 빛나는 시어들은 이러한 시론적인 맥락에서 이해해야 하지 않을까 생각한다.

천둥마저 그리운
처마 밑,
오래된 불빛이
섬돌 밟고 맑아질 때

—「귀꽃」 부분

인간만이 주어(主語)가 아닌, 인간이 포함된 지기(至氣)의 생명력이 활동하는 시, 일기(一氣)의 시상(詩想)이 빛나는 시를 만나는 기쁨과 감사함! 나의 비움을 통한 내 안의 우주 생명의 모심, 더불어 내 안의 기득권적 언어의 버림을 통한 언어[시]의 모심을 굳게 실천하지 않으면 구할 수 없는 시상이다. 시인은 "오래된 불빛이/ 섬돌 밟고 맑아질 때"를 만난 것이다!

끝으로, 권덕하 시인의 시가 날로 깊고 높아져 모든 사람들 마음속 하늘길에 아름답게 가 닿길 빈다.